La ORACIÓN
y la voluntad de
Dios

Tu palabra EDITORIAL

La ORACIÓN
y la voluntad de Dios

1ra Edición

© Edgar Bastardo, 2025

✉ edssin7@gmail.com

📞 608 210 9918

f iglcristianaLapazdelmundo

Citas bíblicas: Reina Valera 1960

ISBN:

Desarrollo editorial: info@tupalabra.info

www.tupalabra.info

La ORACIÓN y la voluntad de Dios

Una reflexión teológica
sobre nuestras Oraciones
y la voluntad de Dios

Pastor
Edgar Bastardo

Chaplaincy & Doctorate Degree Clinical Mental
Health Counseling.

and

Master Theologian

Agradecimientos

Deseo expresar mi más profundo agradecimiento primero al Espíritu Santo que desde que estaba haciendo un bachillerato en "Teología y Ministerio Pastoral" en Indiana Wesleyan University, me inquietó para que comenzara esta corta reflexión. Segundo a mi amada esposa, amiga y compañera de milicia Russin Delgado, que me ha apoyado siempre en todos los trabajos ministeriales que hemos emprendido. A cada hermano y amigo que ha hecho posible este material con sus intervenciones y ayudas.

En especial a ti mi Señor y Dios Jesucristo, por haberme permitido alcanzar algunas herramientas teológicas, por darme la inteligencia para comprenderlas y la economía para poder sostenerlas, recibe toda la gloria y la honra porque solo tu oh Dios, la mereces.

Prólogo

Vivimos tiempos tan difíciles de asimilar, que muchas personas en la iglesia del Señor Jesucristo se han ido alejando del verdadero propósito para el que fue establecido como iglesia, y sin excepciones, se alejan cada vez más de llegar a comprender y conocer uno de los verdaderos propósitos por el que se le permite a algunas personas acercarse a Dios. Esta verdad, puede ser observada en nuestros entornos, en la medida que vemos que la mayoría de la población mundial muere sin fe y sin esperanza, como es el caso de aproximadamente el 75% de la población mundial que no conoce ni conocerá al Señor Jesús nuestro Salvador aunque haya oído de Él. Lucas 8:5-15.

Después de que algunas personas sufren el hermoso proceso de la salvación provocada y producida por Dios mismo en nuestras vidas, nos permite desarrollarnos espiritualmente, y comenzamos a aprender, y de esta manera llegamos a conocer algunas disciplinas que nos ayudan a través de nuestro caminar con Dios, y que a la vez contribuyen con el fortalecimiento de nuestra fe y de nuestra vida espiritual, entre las que se encuentran el ayuno, la lectura diaria de la Palabra de Dios y su respectiva reflexión, y dentro de toda esta gama de disciplinas espirituales hay una de suma importancia y de gran relevancia como lo es "la oración", y aunque hay muchos libros escritos sobre este tema, le pido al Señor Jesús poder aportar con este corto escrito, un granito sobre esta disciplina espiritual que nos permite una comunión íntima con nuestro Padre celestial sin límites, ni espacios de tiempo.

Aunque no pretendo que este sea un libro crítico de otros que hayan sido escritos sobre este mismo tema, espero que sea de provecho para todo el que lo lea, mi deseo es que el Espíritu Santo pueda usar esta corta reflexión teológica sobre la oración para bendecir a otros.

Madison, Wisconsin. Domingo, agosto 18 de 2024.

Introducción

Por un momento imaginemos a Moisés hablando con el Dios del universo, e intercediendo delante de Él, reconviniéndole sobre el testimonio que precedería de esta acción de Dios, al destruir no solo a los egipcios en el mar rojo, sino también al pueblo del antiguo Israel que después de las 10 plagas que fueron un ejemplo de lo que Dios hizo con 10 de los dioses egipcios, sobre lo que dirían las naciones circundantes al destruir a su propio pueblo, que aunque era una justa destrucción por su constante rebelión contra Dios, las naciones no lo entenderían así, y aunque ya el terror y el miedo se habían apoderado de esas naciones circunvecinas, no era la clase de bendición que los seres humanos creían que deberían de tener de parte del Dios del universo, y reflexionando sobre esto, vino a mi mente una pregunta:

¿Acaso el Dios del universo, en su eterna y completa soberanía no sabía aún antes de la fundación del mundo que esta situación sucedería con Israel, y que Moisés intercedería a favor de ellos?

Y sin sacar de su contexto histórico y literario la afirmación que el apóstol Pablo inspirado por el Espíritu Santo nos dice en Fil. 2:13. Porque Dios es el que produce en vosotros así el querer como el hacer, por su buena voluntad.

Esto nos indica que Moisés, ¿estaba haciendo y aprendiendo a obedecer exactamente como Dios quería que sucediera y que Moisés hiciera?, debemos recordar que Moisés no había experimentado el nuevo nacimiento que ha experimentado su iglesia en este tiempo. Estas son preguntas importantes que considero que deben ser examinadas detenidamente a la luz del contexto bíblico, además de que nos ayudará a comprender mejor uno de los motivos por los que debemos orar de acuerdo con la voluntad de Dios.

Escribo esta corta reflexión porque creo que no hay secretos, formas, o estrategias de oración que dirijamos a nuestro Dios para que responda de manera contundente y positiva a nuestras oraciones, y porque considero que el único secreto que podemos tener para que nuestro Señor responda nuestras oraciones es estar alineados con su plena y perfecta voluntad para nuestras vidas, este es el ejemplo que podemos observar a través de toda las Sagradas Escrituras.

> *Ef. 2:8 Porque por gracia sois salvos por medio de la fe; y esto no de vosotros, pues es don de Dios.*
>
> *Ef. 2:10 Porque somos hechura suya, creados en Cristo Jesús para buenas obras, las cuales Dios preparó de antemano para que anduviésemos en ellas.*

Y aunque Moisés no tenía este conocimiento revelado por el Espíritu Santo en su tiempo, cuando llegó el tiempo, Dios lo reveló a través de la vida, muerte y resurrección de nuestro Señor Jesucristo para que nosotros, su iglesia podamos entender con más claridad estas verdades que deben ser entendidas a través de la doctrina de la soberanía de Dios.

Capítulo

I

El propósito de Dios

Desde que Dios creó al hombre en el huerto del Edén ya tenía un propósito definido para este, que puede ser visualizado en Gn.1:27-28, así podemos observar que Dios les mando (un imperativo) a llenar la tierra para que de esta manera el hombre gobernara sobre ella, pero hay un detalle importante que me llama la atención y es que el hombre debía llenar la tierra Gn.1:28ª, y al llenar la tierra debía llevar la gloria de Dios a las naciones a través de sus mandamientos y de la obediencia a su Palabra, así que podemos observar que unos de los motivos, y considero que es el principal, es que la creación del hombre era que este llevara la gloria de Dios a cada rincón de la tierra, y este propósito principal de

Dios encargado al hombre, no ha cambiado en absoluto, sino que al contrario, sigue vigente.

Por ejemplo, podemos observar que en el llamado que Dios le hace a Noe le da el mismo pacto universal que le encargó a Adán al principio de la creación, pero que ahora lo volvemos a observar después del diluvio Gn.8:17b, llenad la tierra, pero esto debía incluir el testimonio sobre el verdadero Dios y la verdad de la salvación de Dios hacia la raza humana a través de ellos, pero de la misma manera debía llevar su gloria a las naciones que volverían nuevamente a ser repobladas. Así que podemos observar que el propósito sigue siendo el mismo, llevar su gloria a las naciones.

En Abraham Dios nuevamente comienza el propósito de llevar su gloria a través de las naciones escogiendo una nación que saldría de él para este propósito eterno de Dios, todo esto acontecería de acuerdo con el plan de Dios, y aunque esa nación seguiría siendo pecadora, lograrían este propósito de Dios a medias, ya que sabemos a plenitud como podemos observar en el Antiguo Pacto, debido a la fuerza que ejerce la naturaleza depravada y caída de la raza humana, así que Dios mismo controló los acontecimientos para que ellos pudieran obedecer a Dios y llevar su gloria a las naciones de la tierra, en el pacto que Dios hace con Abraham en Gn.12:1-3:

Gen. 12:1 Pero Jehová había dicho a Abram: Vete de tu tierra y de tu parentela, y de la casa de tu padre, a la tierra que te mostraré.

Gen. 12:2 Y haré de ti una nación grande, y te bendeciré, y engrandeceré tu nombre, y serás bendición.

Gen. 12:3 Bendeciré a los que te bendijeren, y a los que te maldijeren maldeciré; y serán benditas en ti todas las familias de la tierra.

Así observamos que aunque Dios había elegido a Abraham para esta misión mundial, su bendición estaba condicionada a la obediencia como podemos observar, y Dios cumplió su parte de engrandecer el nombre de Abraham porque obedeció a Dios. Así Moisés entra en un pacto que aunque no había sido hecho con él, le incluía por ser un descendiente de Abraham, y de esta manera, luego de una serie de acontecimientos hechos por Dios mismo, lo traen a este momento histórico en el que observamos a Moisés intercediendo por el pueblo de Israel delante de Dios, porque estos habían sido constantemente desobedientes y no dejaban de quejarse por cualquier cosa que les molestara como se puede apreciar en:

Exo 32:7 Entonces Jehová dijo a Moisés: Anda, desciende, porque tu pueblo que sacaste de la tierra de Egipto se ha corrompido.

20

> *Exo 32:8 Pronto se han apartado del camino que yo les mandé; se han hecho un becerro de fundición, y lo han adorado, y le han ofrecido sacrificios, y han dicho: Israel, estos son tus dioses, que te sacaron de la tierra de Egipto.*

Como podemos observar en estos versículos el pueblo acostumbrado a la esclavitud volvió a su antiguo estado, aunque habían visto el poder de Dios manifestado en Egipto, a través de la destrucción de sus enemigos. Volvieron a sus antiguas costumbres de adorar cosas y darle el nombre de Dios:

> *Exo 32:5 Y viendo esto Aarón, edificó un altar delante del becerro; y pregonó Aarón, y dijo: Mañana será fiesta para Jehová.*

21

La pregunta que viene a mi mente es ¿a cuántos de nosotros nos ha pasado esto, o nos pasa por no tener la plena confianza en las promesas de Dios? Pero no contamos con Dios en el momento de tomar muchas de nuestras decisiones en situaciones difíciles, por la costumbre de depender de nuestros dioses funcionales a los que recurrimos, estos son todas las cosas a la que consultamos sean personas o situaciones anteriores, y luego decimos que el Señor nos habló, mostrando así nuestra falta de confianza en las promesas que Dios ya nos ha dado en su Palabra. Aunque la "Santa Biblia" pareciera una expresión arcaica porque en nuestros tiempos relativistas, muchas palabras que usábamos con respeto a la palabra de Dios las han trivializado y ya no las usan, la Palabra de Dios debe tener su verdadero lugar en nuestras vidas y en nuestros corazones. El problema es que al último que vamos a consultar cuando tenemos alguna situación es a Dios, aunque tenemos ciertas capacidades para tomar decisiones importantes, debemos ir primero al Señor, digo si realmente usamos el término griego "kurios" que significa Señor o dueño.

Exo 32:9 Dijo más Jehová a Moisés: Yo he visto a este pueblo, que por cierto es pueblo de dura cerviz.

Cuando Dios les llama un pueblo de dura cerviz, estaba diciendo que eran verdaderamente tercos, desobedientes e incrédulos, porque habían visto muchas señales y prodigios en su liberación y aún no confiaban ni creían en que Dios podía sostener a Moisés sin comer muchos días, pero cuando vamos a analizar esta perícopa debemos tener en cuenta que estos antiguos hebreos habían nacido como esclavos, y por esta razón pensaban como esclavos, ya que se criaron como esclavos, comieron toda su vida como esclavos, se vestían como esclavos, caminaban como esclavos, dormían como esclavos y este tipo de crianza se internalizo tan profundo en sus corazones que aunque vieron muchas de las proezas que Dios había realizado, estas experiencias vividas aún no habían hecho el cambio en ellos, ya que necesitaban esa experiencia del nuevo nacimiento que produce el Espiritu Santo, y no hallaron una salida, y esta falta de confianza en Dios, fue lo que posteriormente les trajo la desgracia de tener que morir en el desierto a causa de su escepticismo, a excepción de los menores de 18 años de edad de todo el pueblo que no habían sido contaminados tan profundamente con la crianza de la esclavitud física, además de la naturaleza depravaba y caída del hombre.

El pueblo de Israel, aunque habían sido liberados por el Señor de la esclavitud, no entendían la libertad en la habían comenzado a vivir, y que podrían disfrutar de esta porque aún no entendían su condición, ¿Por qué? Porque además de no entender lo que Dios había hecho por ellos cuando los liberto de su esclavitud en Egipto, en el momento en el que salieron de allí, vinieron con ellos personas que no eran parte del pueblo, ni del pacto de Dios con Abraham, y estos ejercían influencia en ellos como podemos observar en:

> *Núm. 11:4 Y la gente extranjera que se mezcló con ellos tuvo un vivo deseo, y los hijos de Israel también volvieron a llorar y dijeron: ¡Quién nos diera a comer carne!*

Al no comprender la verdad que los hizo libres, los resultados de su pasada vida de esclavitud era lo que realmente afloraba en ellos como observamos en:

> *Núm. 11:5 Nos acordamos del pescado que comíamos en Egipto de balde, de los pepinos, los melones, los puerros, las cebollas y los ajos;*

> *Núm. 11:6 y ahora nuestra alma se seca; pues nada sino este maná ven nuestros ojos.*

Se quejaban de la comida que Dios les estaba proporcionando de manera milagrosa, el mana, sin importar las consecuencias, esto es lo que hace la vida de esclavitud. Así podemos observar que muchas veces nos quejamos de las bendiciones que Dios nos da, pero si miráramos a nuestro alrededor, solo con tener la salvación por gracia que Dios nos da, ya somos más que vencedores, pero el ser humano mientras mas cosas alcanza, mas quiere tener, y a esto se le llama el pecado de la avaricia, no nos conformamos con lo que tenemos y queremos más.

🔥 Las Experiencias

Este tipo de experiencias sucede muchas veces con la iglesia profesante, que aunque el Señor ya nos hizo nacer de nuevo por su Santo Espíritu, algunos piensan, caminan y continúan razonando como esclavos de las antiguas experiencias y respuestas que tuvieron en el mundo, de su pasada manera de vivir y terminan constantemente resistiéndose a los cambios que

Dios el Espíritu Santo quiere producir en sus vidas (Ef.4:22). Tenemos la tendencia de acusar al primitivo pueblo de Israel y no observamos lo que sucede en nosotros, ya que ellos no tenían al Espíritu Santo viviendo en ellos como lo tiene la iglesia, que además es dirigida desde adentro por Dios el creador del universo, y muchas veces siguen buscando experiencias superficiales y externas que estremezcan sus emociones, sin comprender que la vida espiritual depende de lo que el Espíritu Santo hace en nosotros, y que por esta razón debemos ceder y permitir los cambios que Dios quiere que realicemos, ya que Él mismo nos ayuda a efectuarlos.

En síntesis, si observamos uno de los propósitos de Dios, siempre ha sido que toda su creación le de gloria única y exclusivamente a Él, incluyendo a los seres humanos. Así que la terquedad del ser humano no glorifica ni magnifica a Dios, y es ahí en donde la oración comienza a romper las ataduras de impiedad que existen en nuestra vidas, y es en donde comenzamos a conocer a Dios, ya que para conocer mejor a una persona debemos pasar la mayor parte del tiempo juntos, sino, no podría haber una amistad profunda, y es de esta manera que se profundiza nuestra relación y conocimiento con Dios, además de su Santa Palabra.

🔥 La rebelión de Israel, y la intercesión de Moisés a favor de ellos

Para comenzar con la respuesta de esta primera pregunta, creo que debemos comentar un poco sobre la soberanía de Dios en este contexto, cuando hablamos de soberanía de Dios, no es la misma que la de los hombres, o la de los reyes que gobernaron por mucho tiempo en países, y que aunque aún hoy existen reyes en algunas naciones, la gran mayoría no manejan las cosas como en los tiempos pasados, cosa que puede ser observada en sus actuales gobiernos, a excepción del Dios del universo que no cambia (Stg. 1:17), entonces debemos entender que cuando tocamos un poco de la doctrina de la soberanía de Dios debemos verla desde una manera vertical y no horizontal, ya que si la identificamos horizontalmente, la veremos desde nuestra visión corta, borrosa y depravada (no la vemos con claridad por causa de nuestra naturaleza caída) y distorsionada (1Co.13:12).

❂ Desde el punto de vista vertical

Para poder arrojar luz sobre esta oración tan hermosa de parte de Moisés a favor de su pueblo, hablaremos brevemente de la soberanía de Dios desde este punto que es el correcto, ahora, debemos entender que absolutamente nada de lo que suceda o pudiera suceder dentro del universo de Dios, incluyendo aun a las huestes espirituales de maldad, sean dominios, poderes y cualquier otra cosa creada, invisibles o visibles como la tierra y sus moradores (Salmo 24:1) en el presente o en el futuro escapa de su conocimiento y de su voluntad soberana, ya que dentro de su soberanía no pasa nada por casualidad (Isaías 42:9). Entonces de acuerdo con este punto de vista debemos entender que aunque en el tiempo de Moisés no había muerto aún Cristo, a

Moisés Dios lo trató con gracia, ya que debemos recordar que Él es el mismo, ayer, hoy y por los siglos (He.13:8). Solo que el Señor Jesucristo ya en el tiempo eterno de Dios lo había perdonado porque ese sacrificio era un hecho que aunque aún estaba sin consumar, nada evitaría que esto sucediera, y es por esta razón que las Escrituras dicen que pago todos los pecados de "su" pueblo (Ro. 4:3-8). Así es como quedaban incluidos los santos del Antiguo Testamento.

Después de dejar claro que Dios lo conoce y lo sabe todo, ahora veremos que nuestro Dios tenía preparada las obras que haríamos al caminar Él con nosotros desde antes de la fundación del mundo (Ef.2:7-10) esto nos habla de que nadie fue salvo en las obras de la Ley, y que solo por Cristo Jesús somos salvos, ya que la Santa Ley nos habla del carácter y la justicia de Dios, por la que ningún hombre puede ser salvo, y por esta razón Cristo Jesús vino al mundo a morir por su pueblo, así que queda claro que Dios ya había preparado las obras que haríamos al ser parte de su pueblo. Así podemos observar que esta oración de Moisés era parte del plan que

Dios ya tenía con él, antes de que este naciera, debido a su soberanía no solo sobre su pueblo, sino sobre cualquier hombre y mujer que haya vivido en esta tierra. (Isaías 44:28; Jer.27:6) así observamos que Moisés era un siervo del Señor (doulos ek Xristos), con la diferencia de que era un "doulos" o esclavo voluntario, no fue obligado ni impuesto, sino que salió de su corazón como pasa con nosotros hoy en su iglesia (Mal. 4:4 ss). Igual que todos los que hemos tenido la experiencia del nuevo nacimiento.

Y si Moisés era un sirviente, no creo que pueda hacer que el Dios del universo se arrepienta de sus obras, sino todo lo contrario, vemos a Dios levantando a un gran líder para mostrar en él sus obras de misericordia para con su pueblo, así que cuando alguna persona hace cualquier cosa como darle una ayuda económica a un hermano en necesidad, es que el Espíritu Santo lo pone en el corazón de esa persona, o cuando llevamos una predicación o una enseñanza a algún lugar es el Espíritu Santo el que inquieta y prepara a esa persona para esa encomienda, como le pasó al apóstol Pablo, debemos recordar que Dios nos habla del final, como le pasó a José el hijo del patriarca Jacob, le mostró en sueños el final de su jornada, pero nunca le habló del proceso y sufrimientos que tendría que pasar para llegar a la meta que ya Dios le había establecido, así que nunca nos habla de lo que sucederá en el camino para llegar a ese final, sino muchos de nosotros no lo haríamos, ni tan siquiera pensaríamos en hacerlo (Hch.9:15-16). Así que la oración de Moisés es una conversación de súplica para que su pueblo la Iglesia de Jesucristo aprendiera a depender de Dios en todo tipo de situaciones, sin importar lo que pueda costar, aunque sea la vida misma, la pregunta que debemos hacernos es ¿estamos listos para entregar nuestras vidas como sacrificio al Señor? (Ro.12:1).

Capítulo

II

¿Estamos aprendiendo y obedeciendo como Dios quería que sucedieran los hechos en esta oración de Moisés?

Para responder adecuadamente esta pregunta debemos comenzar examinándonos a nosotros mismos, y esto comienza con una pregunta muy sencilla, pero con un significado profundo ¿desde que el Espíritu Santo nos reconcilió con el Señor Jesucristo, hemos sufrido el proceso de la muerte de la semilla, o nos seguimos resistiendo a este proceso? Dado el caso de que este proceso es de suma importancia en la vida de la iglesia invisible, término utilizado por primera vez por Agustín el obispo de la ciudad de Hipona, mejor conocido como San Agustín, y que fue uno de los mejores exegetas bíblicos de su tiempo; entonces este proceso puede ser observado por nosotros mismos cuando sentimos y vemos el cambio que Dios el Espíritu Santo produce en nosotros.

Crecer a la estatura del varón perfecto

A este proceso le llamaremos "crecer a la estatura del varón perfecto" que encontramos en (Eph 4:13) sin sacarlo de su contexto bíblico y literario, ya que nos habla del crecimiento de la iglesia de una manera adecuada a través de uno de los medios de gracia que utiliza Dios para tratar y permitir el crecimiento adecuado de su cuerpo "la iglesia", y es en este contexto en el que se utiliza el texto de (Lc. 17:10) "siervos inútiles somos, pues lo que debíamos hacer, hicimos", observamos que esta inutilidad de la que habla es porque las cosas que hacemos al servir al Señor Jesucristo son producto del Espíritu Santo que nos guía a toda verdad, y si por un momento el Espíritu Santo saliera de nosotros solo quedaría una horrenda expectación de sombra, oscuridad y muerte, así que la gloria de todo lo que hacemos es de Dios y no de los hombres, ya que somos solo vasos en las manos de nuestro Dios (el alfarero).

Esto nos ayuda a entender entonces que todo lo que el legislador y siervo de Dios Moisés hizo, fue bajo la dirección directa del Espíritu Santo de Dios, que dirigía su camino y pensamientos para lo que Dios quería que él hiciera, y no solo eso, sino que los 40 años que Moisés estuvo en el desierto de Madián con las ovejas de Jetro su suegro era parte del propósito de Dios para formar en Moisés el carácter necesario para derramar sobre él su poder para que pudiera ejecutar los mandamientos del Señor. (Hch. 7:17, 30, 35; Ex. 3:1; 7:7), además que ayudaría a evitar que el orgullo corroyera su alma (Nm.12:3). Debemos recordar que Moisés era un vulgar asesino antes de que Dios lo llamara a la santa, gloriosa y maravillosa misión de sacar de Egipto a su pueblo Israel.

El proceso

> *Exo. 32:10 Ahora, pues, déjame que se encienda mi ira en ellos, y los consuma; y de ti yo haré una nación grande.*

> *Exo. 32:11 Entonces Moisés oró en presencia de Jehová su Dios, y dijo: Oh Jehová, ¿por qué se encenderá tu furor contra tu pueblo, que tú sacaste de la tierra de Egipto con gran poder y con mano fuerte?*

> **Exo. 32:12** *¿Por qué han de hablar los egipcios, diciendo: Para mal los sacó, para matarlos en los montes, y para raerlos de sobre la faz de la tierra? Vuélvete del ardor de tu ira, y arrepiéntete de este mal contra tu pueblo.*

Quisiera hacer una aclaratoria en cuanto a esta palabras del v.32:12b Vuélvete del ardor de tu ira, y arrepiéntete de este mal contra tu pueblo.

En esta versión Reina Valera, se cita v.32:10b y de ti yo haré una nación grande.

Al interpretar este versículo debemos ser cuidadosos suponer que esta expresión signifique algún cambio en los propósitos divinos, ya que el pacto hecho con los patriarcas había sido ratificado por Dios mismo, y no podría ser violado, además, nunca se pensó que sería violado. La manera en que habló Dios con Moisés, tenía un propósito claro, definido e importante, que muchas veces es utilizado para con su iglesia, ya que esto ayudaría a desarrollar la fe y el patriotismo en la intercesión de Moisés, y sería un alerta al pueblo sobre las posibles consecuencias de la constante desobediencia, en el sentido de que Dios los rechazara y privara de las bendiciones prometidas.

Exo. 32:13 Acuérdate de Abraham, de Isaac y de Israel tus siervos, a los cuales has jurado por ti mismo, y les has dicho: Yo multiplicaré vuestra descendencia como las estrellas del cielo; y daré a vuestra descendencia toda esta tierra de que he hablado, y la tomarán por heredad para siempre.

Exo. 32:14 Entonces Jehová se arrepintió del mal que dijo que había de hacer a su pueblo.

En esta ocasión haré una aclaratoria de la traducción Reina Valera en la expresión del Exo 32:14. "Jehová se arrepintió del mal. Al leer el contexto de este pasaje se puede observar que lo que Moisés expresó en este pasaje significa que Dios "fue movido a misericordia", mostrándonos dos características del carácter de Dios que son su justicia y su misericordia, y como podemos observar en este caso el Señor se movió en misericordia.

Un ejemplo para la iglesia

Esto nos enseña que todo el propósito de Dios para con su iglesia se cumplirá, no porque nos obligue a cumplirlo, sino porque Él es el que produce el querer como el hacer en nuestros corazones (Fl.2:13), entonces todo lo que la iglesia hace, es hecho por amor, a menos que no seamos parte de la iglesia y lo hagamos como una imposición, ya que el amor de Dios es tan grande que nos persuade de hacer las cosas para su gloria y con amor, entender esta verdad nos hará comprender que la oración de intercesión de Moisés hacia su pueblo delante de Dios, estaba en los planes de Dios aun antes de la fundación del mundo (Ef.2:7-10).

Así podemos observar que la oración de poder delante de Dios es la que el Espíritu Santo produce en el tiempo (Xronos) de Dios en nuestros corazones, al observar la oración del profeta en Daniel 9:1-2, vemos que se había cumplido el tiempo establecido por Dios para la restauración de Israel como nación en su tierra, y así hay muchos ejemplos más de esto, y algo muy importante que no debemos olvidar, y es que todas las cosas que Dios hace es para mostrar su gloria, ¿Por qué? Porque es el único Dios verdadero, y no hay otro como El que hizo los cielos y la tierra.

Aunque esta corta reflexión no es un manual sobre la oración, ni pretendo que lo sea, si creo que cuando dirigimos nuestras oraciones al Señor en su tiempo y para su gloria, Él las responde, y aunque no responda en nuestro tiempo o de acuerdo a como nosotros pensamos que debería ser, no significa que no os oye, ya que nosotros como padres no le concedemos todas las cosas que nuestros hijos nos piden, pero lo que es provechoso si tenemos la oportunidad de dárselo lo haremos con todo el amor de nuestros corazones, Lc.11:1-13, hagamos lo que hagamos para obtener las cosas que creemos que necesitamos, sino es en el tiempo de Dios, podemos orar todo lo que queramos, pero esto no llegara a materializarse a menos que sea dentro de su voluntad decretiva, así que debemos aprender a orar en el tiempo y la voluntad de Dios. Para nosotros.

Tampoco podemos decir que Dios no oye nuestras oraciones porque esto es un abuso a la misericordia de Dios, no debemos desmayar porque no obtengamos respuesta ya que debemos insistir en ruegos y llanto cada vez que nos presentemos ante el Señor, aunque tarde en contestar, si estamos en su voluntad, tendremos las respuestas.

Conclusión

No hay oraciones que nuestro Señor no oiga

En el año 2019 sentí que debía escribir una corta reflexión sobre este pasaje bíblico, ya que me llamó mucho la atención esta oración que pareciera que es una contradicción de la Palabra de Dios, porque Dios no se arrepiente de lo que hace, y espere un poco de tiempo hasta lograr una Maestría en Estudios Teológicos del SBTS esperada y lograda con mucho esfuerzo para poder comenzar esta reflexión de la manera más certera posible, aunque estoy a dos clases para terminar otra Maestría en Divinidad en el mismo Seminario bautista, considero que podido obtener algunas herramientas para escribir esta corta reflexión Teológica.

He encontrado que aunque el camino ha sido unas veces más complicado que otras, el Señor Jesús siempre ha estado con nosotros, y me ha permitido escribir esta reflexión después de mucha meditación e información de diferentes sitios, no he citado ningún libro porque he aprendido a través de los años al preparar los mensajes que le predique cada domingo durante 15 años a la Iglesia Cristiana La paz del Mundo en Caguas, Puerto Rico, y después de mas de 12 años llevando mensajes al hogar Nueva Vida de Humacao y de Yabucoa, igualmente en Puerto Rico, de estar como pastor asociado en la Iglesia Cristiana Puerta de restauración en Juncos Puerto Rico antes de pastorear de manera directo por unos dos o tres años, al final la mayor satisfacción que he podido encontrar es haberle servido al Señor.

No hay oraciones que nuestro Señor no oiga, sino que no es el tiempo o no es lo que realmente necesitamos de acuerdo con su infinita sabiduría y conocimiento absoluto, solo reflexionemos sobre esto y luego saquemos nuestras propias conclusiones al respecto. Inclinémonos reverentemente delante del Señor y él se glorificará en nosotros.

> *1 Jn 5:14 Ésta es la confianza que tenemos al acercarnos a Dios: que si pedimos conforme a su voluntad, él nos oye.*

> *1 Jn 5:15 Y si sabemos que Dios oye todas nuestras oraciones, podemos estar seguros de que ya tenemos lo que le hemos pedido.*

Sobre el autor

El escritor *Edgar R. Bastardo* ha sido pastor por más de 15 años de la iglesia Cristiana La Paz del Mundo, en la ciudad de Caguas Puerto Rico, además de ser instructor de Pentecost Champlain Federal Christian en donde se han graduado cientos de capellanes voluntarios acreditados por Homeland Security, además de ser el director del Instituto Bíblico La Paz del Mundo.

Graduado con un Máster en Teología del Seminario Bautista Teológico del Sureste y actualmente está terminando un Máster en Divinidad que incluyen el estudio de los idiomas bíblicos del griego y hebreo, además de un Chaplaincy & Doctorate Degree Clinical Mental

Health Counseling de la Chaplaincy University College.

Antes del pastoreado trabajó como pastor asociado por 4 años en la Iglesia Puerta de Restauración en Juncos, Puerto Rico, también estuvo colaborando por más de 10 años en el Hogar Nueva Vida de Yabucoa y 12 años en el Hogar Nueva de Humacao, para adictos, alcohólicos y confinados, ambos en Puerto Rico, en donde era maestro de Educación Bíblica.

Para contactar con el autor

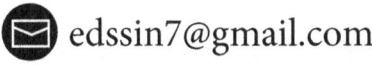 edssin7@gmail.com

 608 210 9918

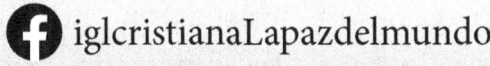 iglcristianaLapazdelmundo

Made in the USA
Columbia, SC
03 September 2025

61802880R00030